*Lecteurs débutants*

# J'aime lire mes premières histoires

## Un ami pour Rémi

**CHANTECLER**

## La cabane de Rémi

« Où est Rémi ? » demande papa.

« Rémi ? dit maman.

Il est dans le jardin.

Il est dans sa cabane, depuis déjà une
heure. »

« Il est fâché ? »

« Non, non, il réfléchit. »

Rémi a une cabane dans le jardin.

Sa cabane est en bois,

avec une porte et deux fenêtres.

Il y a même une cloche à l'entrée.

Rémi regarde par la fenêtre.

« Que vais-je faire ? se dit-il.

Ah, je sais !

Je vais jouer avec mon ballon.

Et puis non, je n'en ai pas envie.

Je vais lire mon livre.

Oh non ! c'est barbant de lire.

Je ne sais pas quoi faire.

Il voit alors quelque chose
dans un coin de la cabane.
C'est blanc.

Mais quel animal est-ce donc ?

C'est trop grand pour être une souris.

« Tu es un rat », dit Rémi.

« Piip », dit le rat.

Le rat sort d'un trou dans le sol.

Il a un collier autour du cou.

« Où habites-tu, Rat ? »

Le rat ne répond rien.

« Tu as faim ? »

« Piiip », répond le rat.

Ce rat est malin.

Rémi prend son sac.

Il a encore du pain dedans.

C'est une tartine au fromage.

« Ça, tu aimes bien, hein, Rat ? »

Le rat mange d'abord le fromage,

puis il grignote le pain.

Rémi est couché sur le ventre et le regarde.

Hé, ce rat avait vraiment faim.

« Tu as sans doute soif aussi.

Attends, reste là.

Je vais te chercher du lait. »

## Mon ami le rat

Dans son lit,
Rémi pense au rat.
« Mon ami est un rat,
dit-il. J'espère qu'il
restera près de moi.
Qu'il viendra à l'école avec moi.
La maîtresse ne sera pas d'accord.
Il n'y a pas de rat en classe. »
Puis Rémi s'endort.
Il rêve d'un rat qui mange
proprement, avec un couteau
et une fourchette !

Rémi se lève très tôt.

Il prend du fromage et du lard dans le frigo.

Il prend une poire dans l'armoire.

Il se dirige vers sa cabane.

L'herbe est couverte de rosée.

« Pssst, dit-il. Rat, tu es encore là ?

J'ai du fromage et du lard pour toi.

Tu veux aussi un morceau de poire ? »

« Piiiip », dit le rat.

Le cœur de Rémi bat très vite.

Le rat est encore là, il n'est pas parti !

Il lui grimpe sur la main.

Puis sur son bras et sur sa tête.

« Tu es vraiment un malin, toi », dit Rémi.

Il caresse le pelage du rat.

Il sent le collier autour de son cou.

L'estomac de Rémi se contracte soudain.

« À qui est ce rat ? se demande-t-il.

Où est sa maison ? »

Il repose le rat par terre.

« Je dois partir maintenant.

Je dois aller à l'école.

Salut, Rat ! »

# Un rat n'est pas sale !

Rémi joue avec son train.
Il doit bientôt aller au lit.
Papa lit le journal.
Maman regarde la télévision.
On voit des images d'un ruisseau.
Qu'est-ce qu'il y a dans l'eau ? Un rat...
On le voit de près.
« Quelle sale bête ! dit maman.
C'est sale, un rat, bouh. »
« Ce n'est pas vrai, crie Rémi.
Les rats sont gentils
et intelligents. »

« Comment sais-tu ça ? »
demande maman.
« Euh... » Rémi se met à rougir.
Il ne dit plus rien.
Il sort.
Il va dans sa cabane voir son rat.
« Si tu vois maman,
cache-toi vite, Rat.
Tu es gentil et intelligent,
mais maman ne comprend pas ça. »
« Piiiip », dit le rat.

## Peur du chat des voisins

« Dis-moi, Rémi est souvent
dans sa cabane, dit papa.
Qu'est-ce qu'il y fait donc ? »
« Laisse-le faire, dit maman.
Quand j'étais petite, j'avais aussi une cabane.
Je restais là toute seule. J'étais bien.
Rémi est comme moi. »

Rémi n'est pas seul.
Il joue avec le rat.
Il lui apporte du pain et du jambon.
Il lui lit une histoire de son livre.
Le rat grimpe sur le pantalon de Rémi
ou dans la poche de son manteau.
A-t-il une idée derrière la tête ?
Rémi demande :
« Tu veux aller te promener ?
C'est ça, ton idée ? »
« Piiiip », dit le rat.

Rémi entre dans le jardin,
le rat dans sa poche.
On voit sa petite tête qui dépasse.
L'animal regarde autour de lui.
Sur un mur, se tient le chat des voisins.
Le rat voit le chat, le chat voit le rat.
Le chat siffle et se hérisse.
Le rat saute de la poche de Rémi.
Affolé, il court vers la cabane.
« Non, Rat, pense Rémi.
Ce n'est pas une bonne idée. »

## La lettre de la fille

Papa est devant la fenêtre.

« Tu la connais ? » demande-t-il.

« Qui ça ? » dit maman.

« Cette fille là-bas dans la rue.

Elle va de maison en maison.

Elle met à chaque fois une lettre

dans la boîte. »

« Non, dit maman.

Tu la connais, Rémi ?

Tu es à l'école avec elle ? »

Rémi ne la connaît pas.

La fille s'approche de leur porte
et glisse une lettre dans la boîte.
Papa la ramasse.
« Elle a perdu son animal domestique, lit-il.
Ce n'est pas un chien ou un chat.
Elle cherche... son rat.
Couleur : blanc. »
Le cœur de Rémi s'arrête presque de battre.
« Un rat ? dit maman en faisant la grimace.
Ici chez nous ou dans le jardin ?
Bouh, j'espère que non ! »

Profitant que personne ne le regarde,
Rémi prend discrètement la lettre.
Il la lit dans sa cabane.
Le rat est sur ses genoux.
La lettre dit :

Qui sait où se trouve mon rat ?

Il est parti alors que j'avais le dos

tourné.

Il est blanc et gentil.

Il s'appelle Rat.

Je m'appelle Zoé.

Appelez le 6-5-2-6-3-4.

Celui qui le trouve

gagnera un sac de bonbons.

Toc toc toc.

Papa passe la tête par la porte de la cabane.

Rémi cache vite le rat.

« Il y a de la soupe, dit papa. Tu viens ? »

« Je n'ai pas faim », dit Rémi.

« Allez, viens quand même, dit papa.

Hé, quelque chose ne va pas ?

Tu es tout pâle. »

« J'ai mal au ventre », dit Rémi.

## Rémi téléphone

Rémi est au lit.
Il regarde par la fenêtre.
Il regarde la nuit, la lune.
« Ce rat n'est pas à moi, pense Rémi.
Il est à Zoé.
Mais il est mon ami.
Qu'est-ce que je dois faire ?
J'appelle ou je n'appelle pas ? »
Il réfléchit longtemps.
Puis il se décide.
« Oui, je vais le faire », pense-t-il.
Puis il s'endort profondément.

Rémi téléphone.

6-5-2-6-3-4.

« Allô, Zoé à l'appareil. »

Rémi a du mal à parler.

« Il... il te manque...

ton... rat ? »

Rémi n'entend rien.

« Tu es toujours là ? »

« Oui oui, répond la fille.

Il me manque très, très fort. »

« Je sais où il est », dit Rémi.

Il court à sa cabane.
Il prend le rat.
Il lui caresse le dos.
« Zoé arrive, Rat.
Elle vient te chercher.
Même quand tu seras parti,
je penserai toujours à toi.
Tu restes mon ami.
Tu comprends ? »
« Piiip », dit le rat.
Rémi le caresse encore.
« C'est bien si tu
comprends ça. »

## Zoé vient chercher le rat

On sonne.
Maman va ouvrir la porte.
Il y a une fille sur le perron.
Elle porte un sac de bonbons.
« Je viens pour le rat », dit-elle.
« Un rat, chez nous ? »
« Laisse, maman, dit Rémi.
Je sais pourquoi elle est là.
Entre, Zoé. »

Zoé suit Rémi
dans le jardin.
« Il est dans ma cabane, dit-il.
Tu as une cage ? »
« Non, ce n'est pas nécessaire.
Je le mets dans mon manteau. »
Rémi pense au chat des voisins.
« Fais quand même attention », dit-il.
Zoé met le rat dans son manteau.
Elle donne le sac de bonbons à Rémi.
« C'est pour toi, tu aimes les bonbons ? »
Rémi fait oui de la tête.

« Salut, Rat, dit Rémi.

Salut, mon ami, tu me manques déjà. »

Rémi a vraiment l'air triste.

Zoé met sa main sur son bras.

« Tu pourras venir le voir.

J'habite tout près. »

« C'est vrai ? » demande Rémi.

« Viens quand tu veux, dit Zoé.

Maintenant, ce n'est pas un ami

que j'ai mais deux ! »

« D'accord ! dit Rémi tout content.

Dis, Zoé, tu veux un bonbon ? »

# Une sorcière dans ma rue

## Une drôle de maison

Fée prend son cartable.
Il est huit heures.
Elle doit aller à l'école.
« Papa, tu seras à la maison
quand je rentrerai de l'école ? »
« Oui, oui, je serai là, dit papa.
Enfin, je ferai mon possible. »
« C'est ça, se dit Fée.
Hier aussi il allait faire son possible,
mais j'ai attendu devant la porte ! »

« J'y vais, papa. »
« Bonne journée, chérie, travaille bien. »
Fée ferme la porte.
L'école n'est pas très loin.
Elle traverse la rue, elle tourne au coin.
Toutes les maisons ressemblent
à celle de Fée, sauf une.

La porte est verte.
La peinture s'écaille.

Le chat à la fenêtre n'a qu'un œil.

Son œil est tout jaune.

En plus, c'est un chat noir.

Dans cette maison habite une sorcière.

Fée la voit parfois dans la rue.

C'est une drôle de dame, un peu effrayante.

Elle a des cheveux rouges et un chapeau.

Fée accélère le pas.

Le chat la suit du regard.

Fée frissonne.
Drôle de maison,
drôle de personne.
Et ce chat...
Il lui fiche aussi la frousse.
Elle pense souvent à la dame.
Tiens, une Fée et une sorcière,
dans la même rue.
C'est fou.

Un jour, Fée a fait un rêve.

Elle était dans la maison de la sorcière.

Elle ne pouvait pas en sortir.

Le chat la regardait

avec son œil jaune-orange comme le feu.

Papa passait à côté d'elle.

Il était à sa recherche.

Elle criait, mais il passait sans la voir.

Puis arriva la sorcière.

Elle avait un grand couteau dans les mains.

Le reste, Fée ne s'en souvient plus.

C'était un cauchemar terrifiant.

## Envie de glace

Fée rentre de l'école.
Papa est déjà là, rentré à temps.
Il travaille dans le jardin.
Il sifflote une chanson.
« Il fait si beau, dit papa.
J'ai pris une journée de congé.
Je pourrai tondre la pelouse,
couper la haie
et nettoyer la gouttière.
Bon sang, il fait trop chaud.
La sueur me colle au dos. »

Papa souffle et soupire.

« Tu sais de quoi j'ai envie ?

J'ai envie d'une glace !

On va en acheter ? »

Fée le regarde.

« Tu changes de pantalon ?

Il est horrible, ce pantalon. »

« Mais non, moi je l'aime bien », dit papa.

« Non, tu vas passer pour un fou.

Et moi aussi, à côté de toi. »

Pendant que papa se change,

Fée prend déjà son vélo.

Il y a du monde en ville !

Fée met son cadenas.

Elle range son vélo à côté de celui de papa.

Elle marche derrière lui.

Mais soudain, il disparaît.

« Papa ? Papa ? »

Fée regarde autour d'elle.

« PAPA ! »

Mais rien, elle ne le voit pas.

Elle se frotte les yeux.

Des larmes sont en train de couler.

Fée sent quelqu'un lui tapoter sur l'épaule.

Elle se retourne.

Elle crie.

C'est... la sorcière !
Vite, Fée veut s'enfuir.
Mais pour aller où ?
« Bonjour, ma petite fille,
dit la sorcière.
Je te connais.
Tu habites près de chez moi.
Tu as perdu ton papa ? »
Sa voix est douce,
ni méchante ni effrayante.
Elle est juste un peu enrouée.

« Je peux rester avec toi, dit la sorcière.
On attendra ton papa ensemble, d'accord ?
Donne-moi la main. »
Fée renifle et hoche la tête.
Elle attend avec la sorcière.
Voici papa qui arrive.
Fée le regarde, fâchée.
« Je t'ai cherché partout. »
Papa répond : « Pardon, ma chérie,
je n'étais pas bien loin.
J'achetais le journal. »

La sorcière lui tend la main.
« Bonjour, je m'appelle Greta.
J'habite à côté de chez vous dans la rue. »
« Je vous connais, dit papa.
Vous avez un chat qui n'a qu'un œil.
Je m'appelle Pierre, et voici Fée.
Dites, vous voulez aussi une glace ? »

« Merci, dit la sorcière.
Mais j'en ai déjà mangé deux.
Au revoir, Fée, viens me voir
quand tu veux. »

## Fée se décide

Papa est très gentil,
mais il est parfois si lent.
Et aujourd'hui, il remet ça !
L'école est finie.
Fée est devant la porte.
Elle attend papa.
Soudain lui vient
une idée.
Osera-t-elle ?
Oui, elle ose !
Elle n'a plus peur.

Fée écrit un mot.

« Salut, papa.

Je suis chez la sorcière.

Fée »

Elle barre « la sorcière »

et met « Greta ».

Elle glisse le mot dans la boîte aux lettres.

Elle traverse la rue,

vers la maison de la sorcière.

Dring dring, la sonnette retentit.

Voici la sorcière (enfin, Greta).

« Je peux venir chez toi ?
demande Fée.
Papa n'est pas rentré. »
« Pas de problème,
dit Greta.
Tu veux du thé ?
Assieds-toi, Fée.
Je prépare le thé. »
Fée regarde autour d'elle.
Une horloge fait tic tac.
Il y a aussi une grande plante.
Et dans une armoire,
il y a une boule en verre.

## Les deux font la paire

Greta est occupée dans la cuisine.
Fée se lève de sa chaise
et s'approche de l'armoire.
Elle prend la boule sur l'étagère.
Elle est lourde !
C'est une vraie boule de sorcière.
Le cœur de Fée bat très vite.
Ce serait donc vrai ?
Greta est vraiment une sorcière.
Mais une gentille ?
Fée regarde dans la boule.

Elle ne voit que son nez, très grand,
et son œil, en tout petit.
« Elle est belle, hein ? » dit la voix de Greta.
Fée sursaute.
La boule tombe sur le sol.
Elle n'est pas cassée.

« Ce n'est rien, dit Greta.
C'est du verre épais. »
« Je pensais... » dit Fée.
Elle a honte.
« Je pensais que tu...
étais... une sor... »

« Moi, une sorcière ? dit Greta.

Non, mais si seulement j'en étais une.

Je serais tellement heureuse !

J'aurais une baguette magique.

Et paf ! j'aurais un mari.

Un tout beau, tout gentil,

et qui ferait ce que je lui dis. »

Greta ramasse la boule.

« J'ai reçu cette boule d'un ami

que je ne vois plus.

Mais j'ai gardé sa boule. »

Soudain, Greta éclate de rire.

« Je nous vois déjà toutes les deux !

Une Fée et une sorcière.

On ferait la paire ! »

Fée se met à rire à son tour.

« Oui, on va bien
ensemble, toutes
les deux ! »

## Au revoir Fée, au revoir Greta

« J'adore ta maison », dit Fée.
Elle boit une gorgée de thé.
« Merci beaucoup, dit Greta.
Je l'aime beaucoup aussi. »
« C'est toi, là ? » demande Fée.
Elle montre une photo au mur.
Greta fait oui de la tête et soupire.
« Eh oui, quand j'étais jeune et jolie.
Je chantais et je donnais des concerts.
Toute seule, parfois avec une chorale.
Puis je suis tombée malade.
Mal à la gorge, c'était très grave.
Et maintenant ma voix est cassée.
Il n'y a plus rien à faire. »
« C'est affreux », dit Fée.
« C'est la vie », dit Greta.

« Ce n'est pas si grave.

Quand je chantais,

je menais une vie de dingue.

Je n'avais jamais le temps

de faire quoi que ce soit.

Aujourd'hui, je l'ai...

le temps de boire une tasse de thé avec Fée ! »

« Eh, ça rime ! » dit Fée.

« Oui, dit Greta, ça rime.

J'ai remarqué aussi.

Tu veux encore un biscuit ? »

Greta se lève.

« Dis, ma chérie, ton papa est rentré.

Il t'attend, je crois.

Va le rejoindre, maintenant.

Mais reviens vite me voir.

Si tu ne le fais pas...

je te transforme en crapaud.

Je suis une sorcière,

tu l'as dit toi-même...

Au revoir, Fée. »

« Au revoir, Greta,

à bientôt. »